школа - школа	2
путешествие - подорож	5
транспорт - транспорт	8
город - місто	10
ландшафт - ландшафт	14
ресторан - ресторан	17
супермаркет - супермаркет	20
напитки - напої	22
еда - їжа	23
ферма - ферма	27
дом - дім	31
гостиная - вітальня	33
кухня - кухня	35
ванная комната - ванна кімната	38
детская комната - дитяча кімната	42
одежда - одяг	44
офис - офіс	49
экономика - економіка	51
профессии - професії	53
инструменты - інструменти	56
музыкальные инструменты - музичні інструменти	57
зоопарк - зоопарк	59
спорт - спорт	62
действия - дії	63
семья - сім'я	67
тело - тіло	68
больница - лікарня	72
неотложный случай - аварійний випадок	76
земля - Земля	77
часы - годинник	79
неделя - тиждень	80
год - рік	81
формы - форми	83
цвета - фарби	84
противоположности - протилежності	85
цифры - числа	88
языки - мови	90
кто / что / как - хто / що / як	91
где - де	92

Impressum
Verlag: BABADADA GmbH, Nedderfeld 112 , 22529 Hamburg
Geschäftsführer / Verlagsleitung: Harald Hof
Druck: Books on Demand GmbH, In de Tarpen 42, 22848 Norderstedt

Imprint
Publisher: BABADADA GmbH, Nedderfeld 112 , 22529 Hamburg, Germany
Managing Director / Publishing direction: Harald Hof
Print: Books on Demand GmbH, In de Tarpen 42, 22848 Norderstedt, Germany

школа

школа

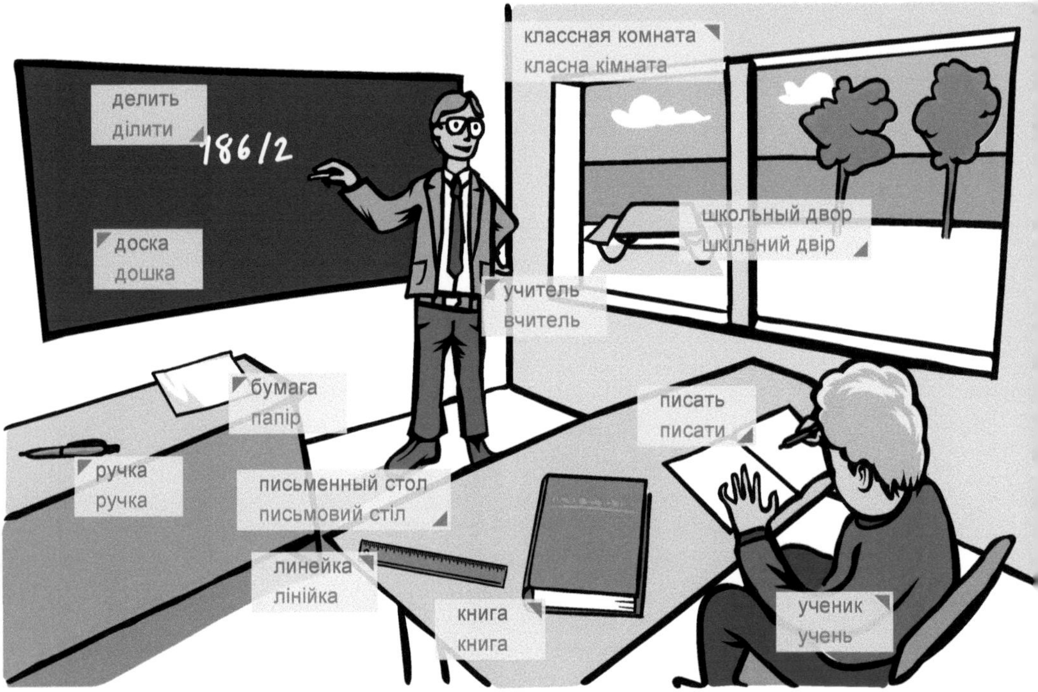

классная комната
класна кімната
делить
ділити
186/2
школьный двор
шкільний двір
доска
дошка
учитель
вчитель
бумага
папір
писать
писати
ручка
ручка
письменный стол
письмовий стіл
линейка
лінійка
книга
книга
ученик
учень

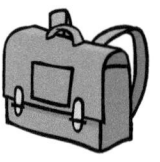

ранец

ранець

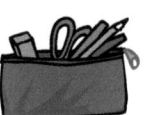

пенал

пенал

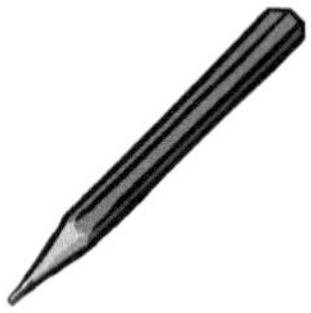

карандаш

олівець

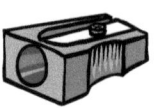

точилка

точило

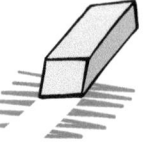

ластик

гумка

альбом для рисования

альбом для малювання

рисунок

малюнок

кисточка

пензель

коробка красок

коробка фарб

ножницы

ножиці

клей

клей

тетрадь

зошит

домашняя работа

домашнє завдання

цифра

число

прибавлять

додавати

вычитать

віднімати

умножать

множити

считать

рахувати

буква

літера

алфавит

абетка

hello

слово

слово

текст

текст

читать

читати

мел

крейда

урок

година

классный журнал

класний журнал

экзамен

екзамен

диплом

диплом

школьная форма

шкільна форма

образование

освіта

энциклопедия

лексикон

университет

університет

микроскоп

мікроскоп

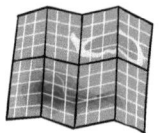

карта

карта

корзина для бумаг

кошик для паперу

путешествие

подорож

гостиница
готель
Grand
турбаза
турбаза
ROOMS
пункт обмена валюты
обмінний пункт
чемодан
валіза
автомобиль
автомобіль

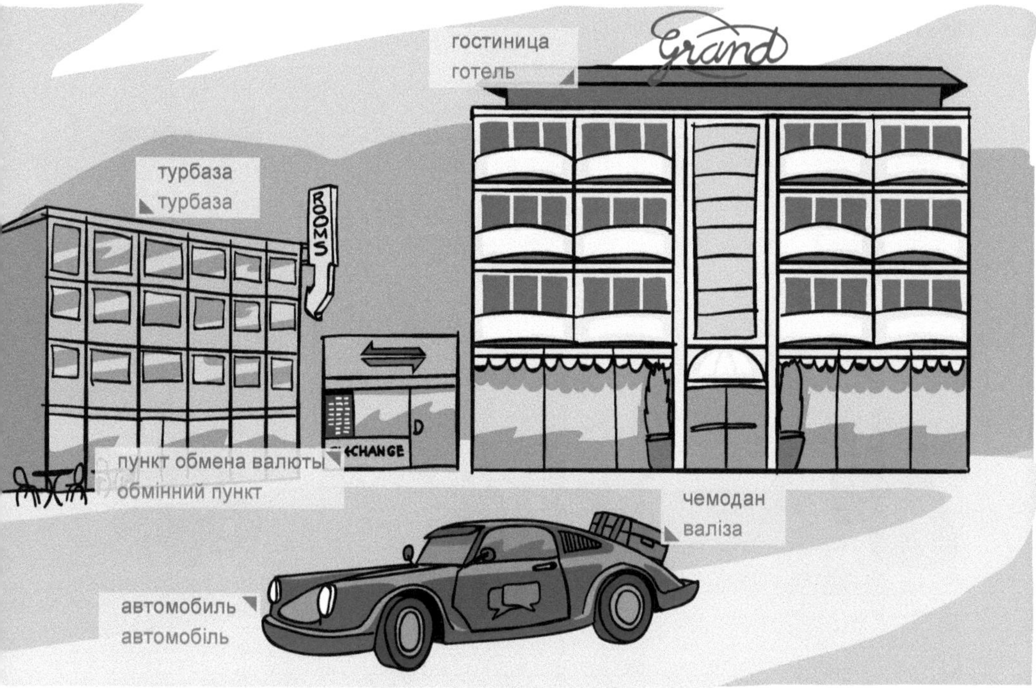

язык

мова

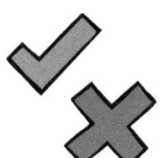

да / нет

так / ні

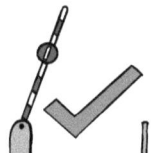

хорошо

добре

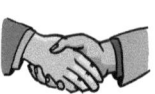

Привет

привіт

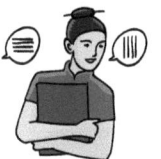

переводчик

перекладач

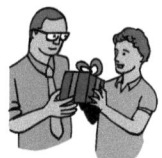

Спасибо

дякую

Сколько стоит...?

Скільки коштує ...?

Я не понимаю

Я не розумію

проблема

проблема

Добрый вечер!

Добрий вечір!

Доброе утро!

Доброго ранку!

Доброй ночи!

На добраніч!

До свидания

До побачення

направление

напрямок

багаж

багаж

сумка

сумка

рюкзак

рюкзак

гость

гість

комната

кімната

спальный мешок

спальний мішок

палатка

намет

туристическая
информация
туристична інформація

пляж
пляж

кредитная карточка
кредитна картка

завтрак
сніданок

обед
обід

ужин
вечеря

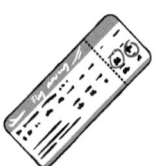

билет
квиток

лифт
ліфт

почтовая марка
поштова марка

граница
межа

таможня
митниця

посольство
посольство

виза
віза

паспорт
паспорт

транспорт

транспорт

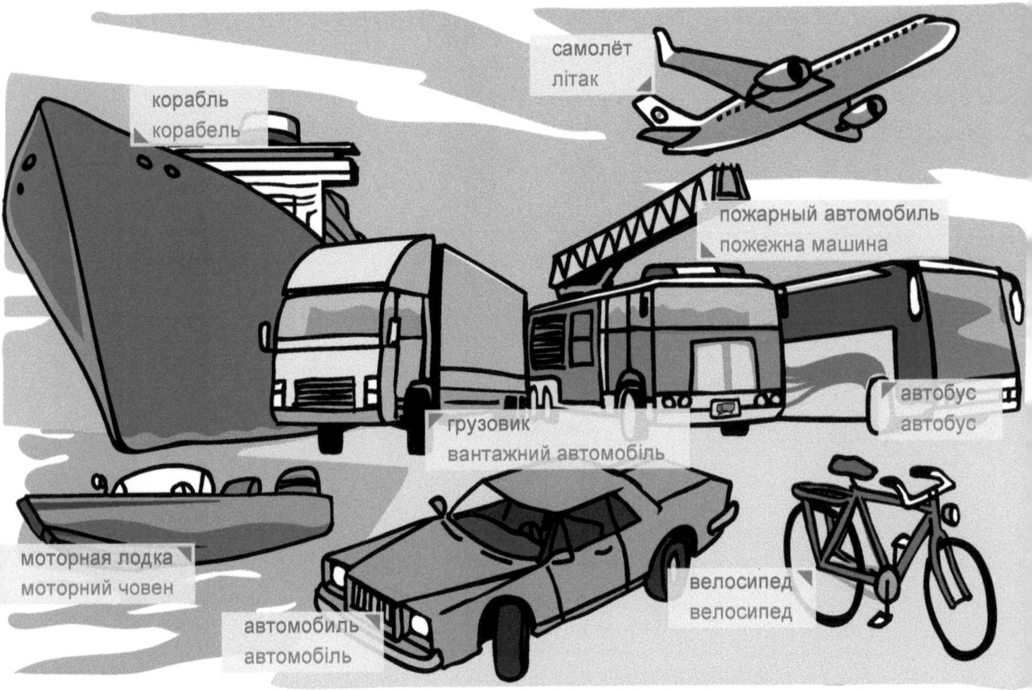
самолёт
літак
корабль
корабель
пожарный автомобиль
пожежна машина
автобус
автобус
грузовик
вантажний автомобіль
моторная лодка
моторний човен
велосипед
велосипед
автомобиль
автомобіль

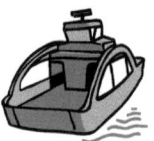

паром

пором

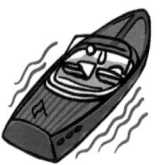

лодка

човен

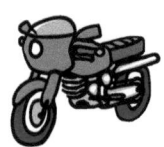

мотоцикл

мотоцикл

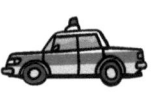

полицейский автомобиль

поліцейська машина

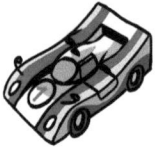

гоночный автомобиль

гоночний автомобіль

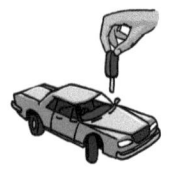

арендованный автомобиль

автомобіль на прокат

совместное пользование
автомобилями
....
спільне користування авто

буксировочный
автомобиль
эвакуатор
....

мусоровоз
....
сміттєвоз

двигатель
....
двигун

топливо
....
паливо

заправка
....
автозаправна станція

дорожный знак
....
дорожній знак

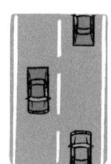

движение
....
рух

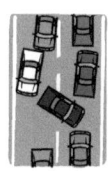

пробка
....
затор

автостоянка
....
стоянка

вокзал
....
вокзал

рельсы
....
рейки

поезд
....
потяг

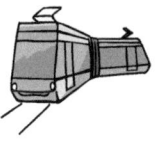

трамвай
....
трамвай

вагон
....
вагон

вертолёт

гелікоптер

аэропорт

аеропорт

вышка

вежа

пассажир

пасажир

контейнер

контейнер

коробка

коробка

тележка

візок

корзина

кошик

взлетать / приземляться

стартувати / приземлятися

город

місто

деревня

село

центр города

центр міста

дом

дім

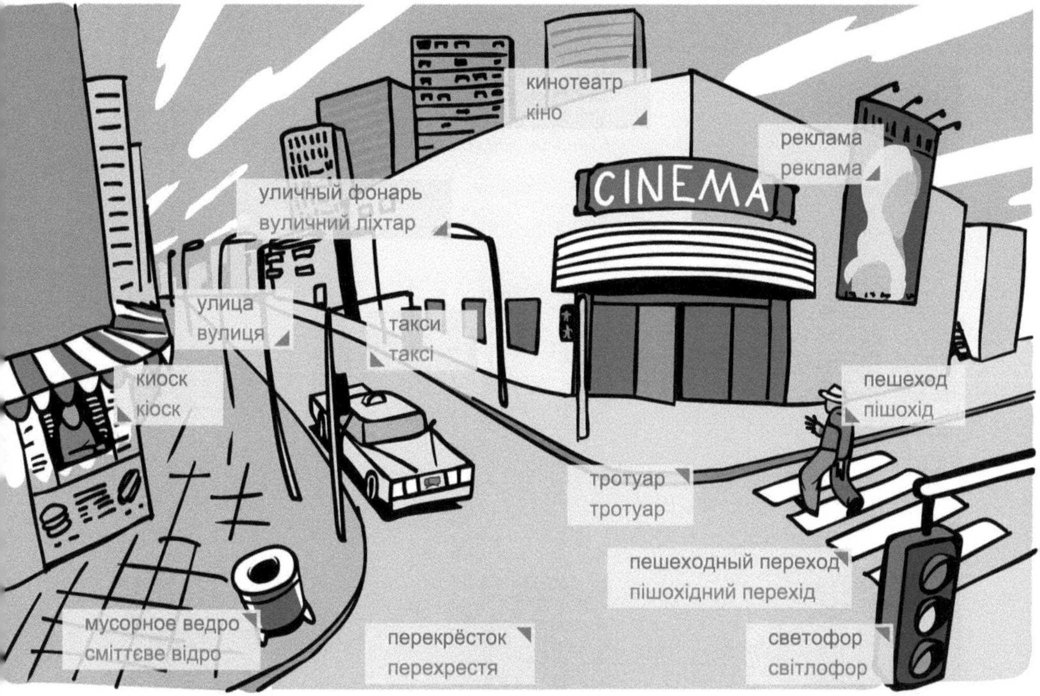

кинотеатр
кіно

реклама
реклама

уличный фонарь
вуличний ліхтар

CINEMA

улица
вулиця

такси
таксі

киоск
кіоск

пешеход
пішохід

тротуар
тротуар

пешеходный переход
пішохідний перехід

мусорное ведро
сміттєве відро

перекрёсток
перехрестя

светофор
світлофор

хижина

хатина

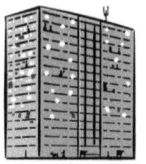

квартира

квартира

вокзал

вокзал

ратуша

ратуша

музей

музей

школа

школа

университет

університет

банк

банк

больница

лікарня

гостиница

готель

аптека

аптека

офис

офіс

книжный магазин

книжковий магазин

магазин

магазин

цветочный магазин

квітковий магазин

супермаркет

супермаркет

рынок

ринок

универмаг

універмаг

торговец рыбой

торговець рибою

торговый центр

торговельний центр

порт

гавань

парк

парк

скамейка

лава

мост

міст

лестница

сходи

метро

метро

тоннель

тунель

автобусная остановка

автобусна зупинка

бар

бар

ресторан

ресторан

почтовый ящик

поштова скринька

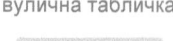

табличка с названием улицы

вулична табличка

паркометр

лічильник паркування

зоопарк

зоопарк

бассейн

басейн

мечеть

мечеть

ферма
ферма

загрязнение окружающей среды

забруднення навколишнього середовища

кладбище

кладовище

церковь

церква

детская площадка

дитячий майданчик

храм

храм

ландшафт
ландшафт

лист
листок

дорожный указатель
вказівний стовп

дорога
шлях

луг
луг

камень
камінь

дерево
дерево

путешественник
мандрівник

река
річка

трава
трава

цветок
квітка

долина

долина

гора

гора

озеро

озеро

лес

ліс

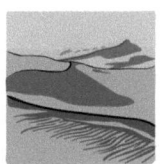

пустыня

пустеля

вулкан

вулкан

замок

замок

радуга

веселка

гриб

гриб

пальма

пальма

комар

комар

муха

муха

муравей

мурашка

пчела

бджола

паук

павук

жук

жук

лягушка

жаба

белка

вивірка

еж

їжак

заяц

заєць

сова

сова

птица

птах

лебедь

лебідь

кабан

кабан

олень

олень

лось

лось

плотина

гребля

ветряной генератор

вітряк

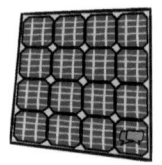

солнечная батарея

сонячний модуль

климат

клімат

ресторан
ресторан

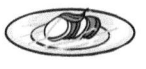

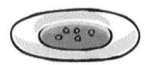

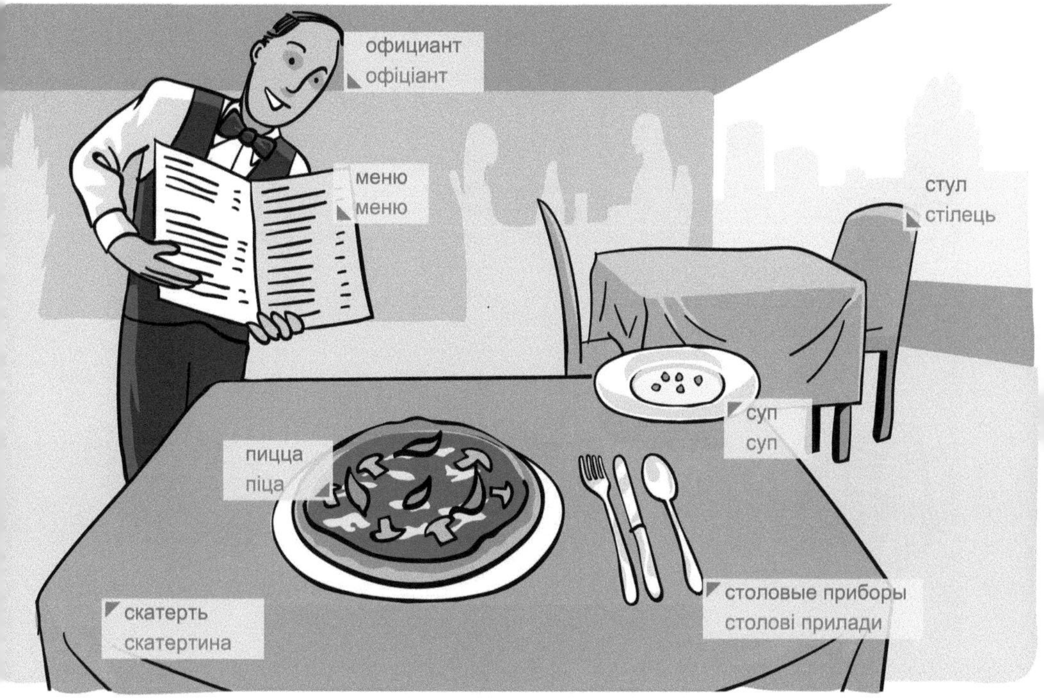
официант
офіціант
меню
меню
стул
стілець
суп
суп
пицца
піца
столовые приборы
столові прилади
скатерть
скатертина

закуска

закуска

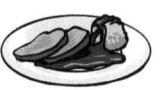

главное блюдо

друга страва

десерт

десерт

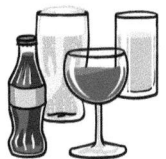

напитки

напої

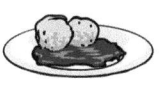

еда

їжа

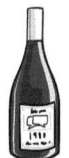

бутылка

пляшка

фастфуд

фаст-фуд

уличная еда

вулична їжа

чайник

чайник

сахарница

цукорниця

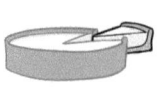

порция

порція

кофеварка

еспресо-машина

детский стульчик

високий стільчик

счет

рахунок

поднос

піднос

нож

ніж

вилка

вилка

ложка

ложка

чайная ложка

чайна ложка

салфетка

серветка

стакан

склянка

тарелка

тарілка

суповая тарелка

тарілка для супу

блюдце

блюдце

соус

соус

солонка

солонка

мельница для перца

млин для перцю

уксус

оцет

масло

масло

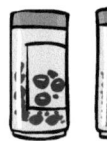

специи

спеції

кетчуп

кетчуп

горчица

гірчиця

майонез

майонез

супермаркет
супермаркет

специальное предложение
пропозиція
покупатель
клієнт
молочные продукты
молочні продукти
фрукты
фрукти
тележка для покупок
візок для покупок
FOR

BUTCHERS

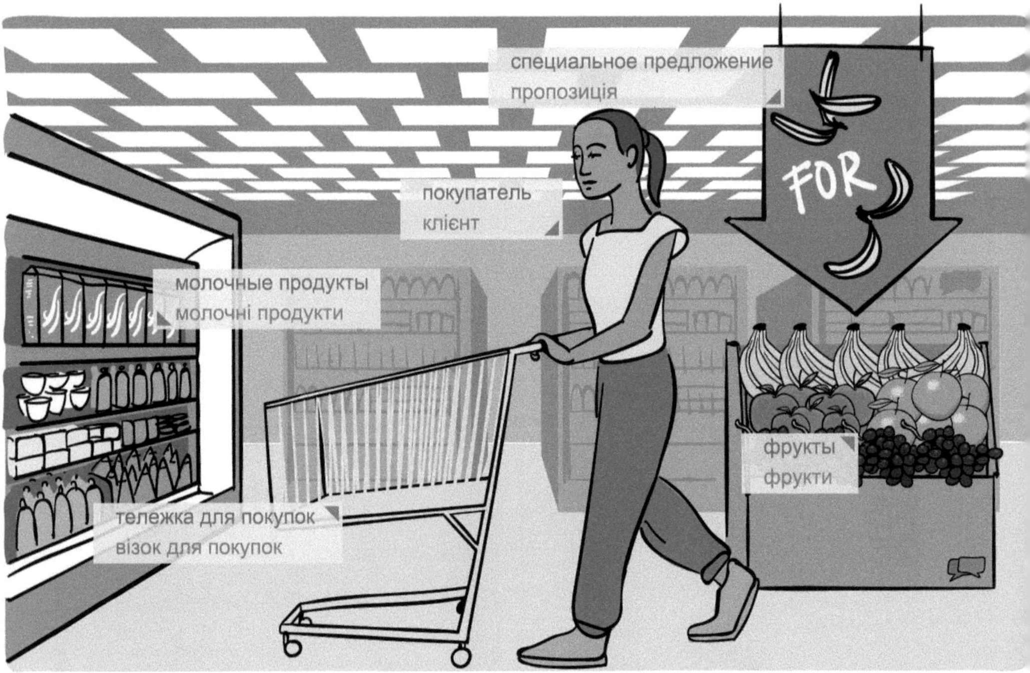

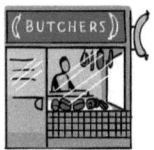

мясной магазин

м'ясний магазин

BAKERY

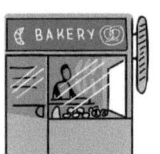

пекарня

пекарня

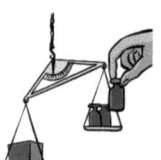

взвешивать

зважувати

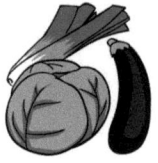

овощи

овочі

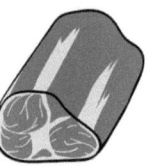

мясо

м'ясо

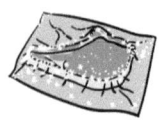

быстрозамороженные продукты

заморожені продукти

нарезка

ковбасна нарізка

консервы

консерви

стиральный порошок

пральний порошок

сладости

солодощи

предмет домашнего обихода

предмети домашнього побуту

моющее средство

мийний засіб

продавщица

продавщиця

касса

каса

кассир

касир

список покупок

список покупок

время работы

часи роботи

бумажник

гаманець

кредитная карточка

кредитна картка

сумка

сумка

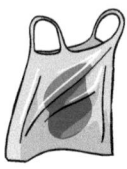

полиэтиленовый пакет

поліетиленовий пакет

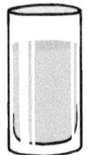

вода

вода

сок

сік

молоко

молоко

кока-кола

кола

вино

вино

пиво

пиво

алкоголь

алкоголь

какао

какао

чай

чай

кофе

кава

эспрессо

еспресо

капучино

капучіно

банан

банан

яблоко

яблуко

апельсин

апельсин

арбуз

кавун

лимон

лимон

морковь

морква

чеснок

часник

бамбук

бамбук

лук

цибуля

гриб

гриб

орехи

горішки

лапша

локшина

спагетти

спагеті

рис

рис

салат

салат

картофель фри

картопля фрі

жареный картофель

смажена картопля

пицца

піца

гамбургер

гамбургер

сэндвич

бутерброд

шницель

шніцель

ветчина

шинка

салями

салямі

колбаса

ковбаса

курица

курка

жаркое

печеня

рыба

риба

овсяные хлопья

вівсяні пластівці

мюсли

мюслі

кукурузные хлопья

кукурудзяні пластівці

мука

борошно

круассан

круасан

булочка

булочка

хлеб

хліб

тост

тостовий хліб

печенье

печиво

масло

масло

творог

сир

пирог

пиріг

яйцо

яйце

яичница

яєчня

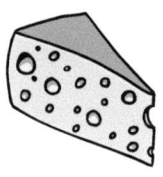

сыр

сир

мороженое
морозиво

сахар
цукор

мёд
мед

мармелад
мармелад

крем с нугой
нуга-крем

карри
карі

ферма
ферма

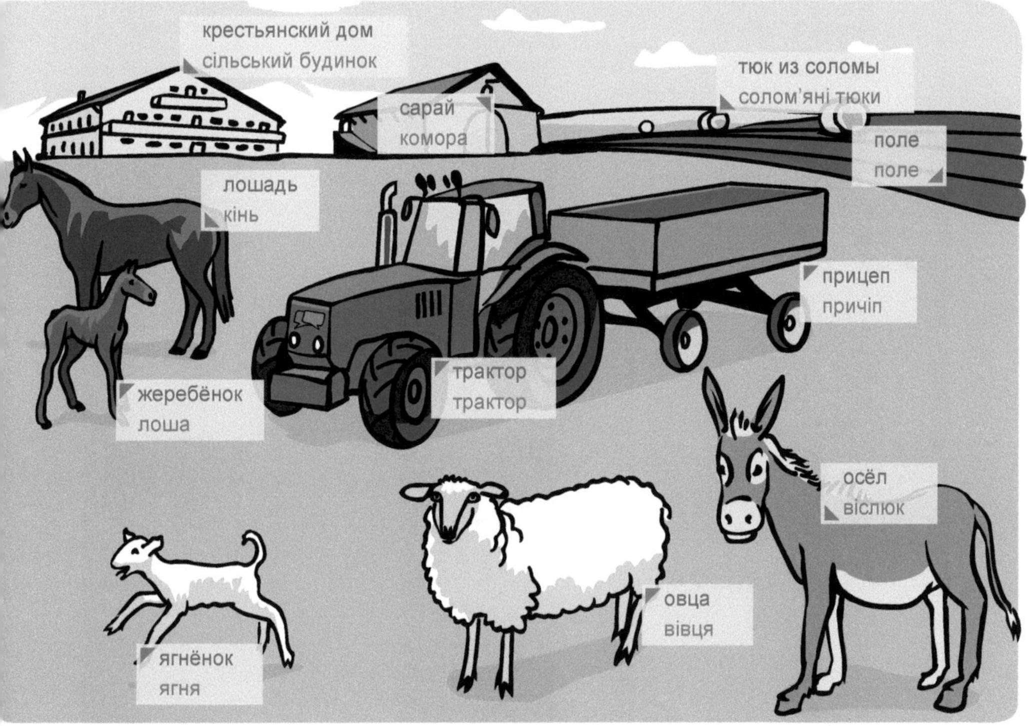

крестьянский дом
сільський будинок
сарай
комора
тюк из соломы
солом'яні тюки
поле
поле
лошадь
кінь
прицеп
причіп
трактор
трактор
жеребёнок
лоша
осёл
віслюк
овца
вівця
ягнёнок
ягня

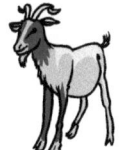

коза

коза

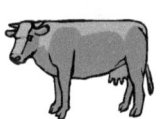

корова

корова

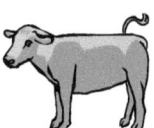

телёнок

теля

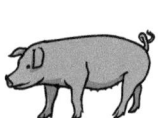

свинья

свиня

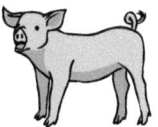

поросёнок

порося

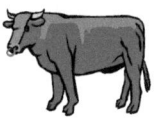

бык

бик

гусь

гусак

утка

качка

цыплёнок

курча

курица

курка

петух

півень

крыса

щур

кошка

кіт

мышь

миша

вол

віл

собака

собака

конура

собача будка

садовый шланг

садовий шланг

лейка

лійка

коса

коса

плуг

плуг

серп

серп

мотыга

мотика

навозные вилы

вила

топор

сокира

тачка

тачка

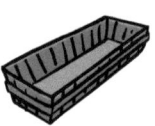

корыто

корито

бидон для молока

бідон молока

мешок

мішок

забор

паркан

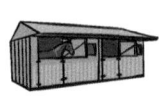

хлев

хлів

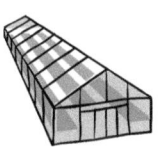

теплица

теплиця

почва

ґрунт

посев

насіння

удобрение

добриво

комбайн

комбайн

ферма - ферма

собирать урожай

пожинати

урожай

урожай

ямс

корінь ямсу

пшеница

пшениця

соя

соя

картофель

картопля

кукуруза

кукурудза

рапс

ріпак

фруктовое дерево

плодове дерево

маниок

маніок

злаки

злаки

ферма - ферма

дымоход
димохід

крыша
дах

водосточный желоб
водостічний лоток

окно
вікно

гараж
гараж

звонок
дзвінок

дверь
двері

мусорное ведро
відро для сміття

почтовый ящик
поштова скринька

сад
сад

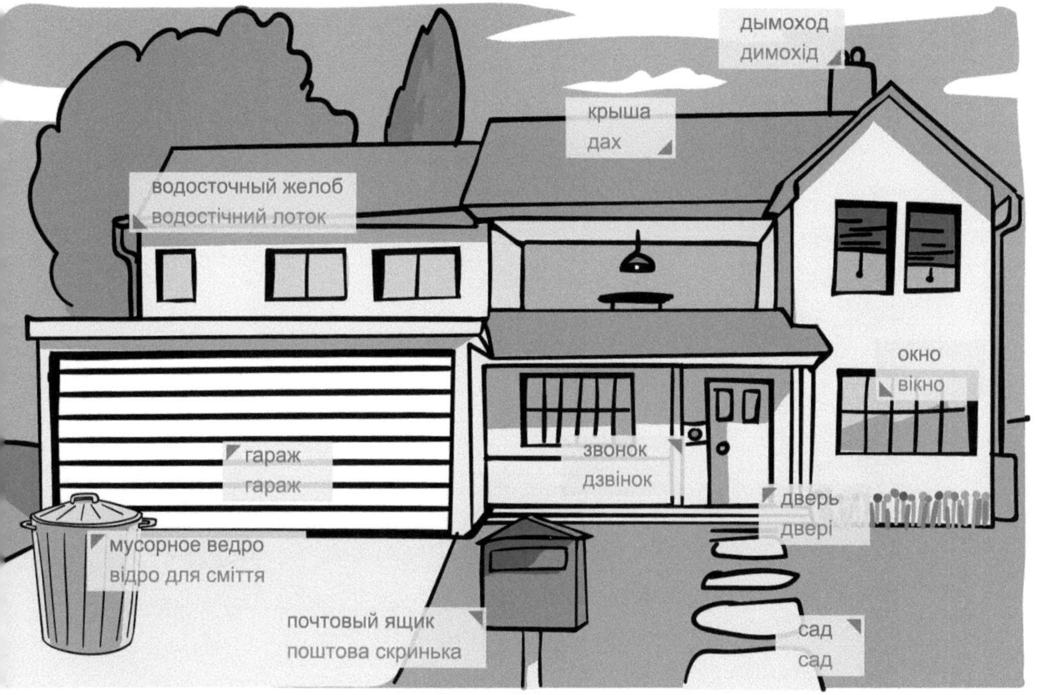

гостиная

вітальня

ванная комната

ванна кімната

кухня

кухня

спальня

спальня

детская комната

дитяча кімната

столовая

їдальня

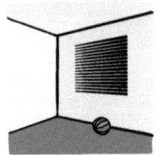

пол

підлога

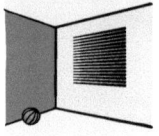

стена

стіна

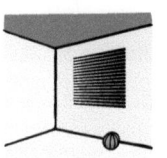

потолок

стеля

подвал

підвал

сауна

сауна

балкон

балкон

терраса

тераса

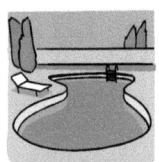

бассейн

басейн

газонокосилка

косарка

пододеяльник

простирало

покрывало

ковдра

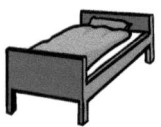

кровать

ліжко

метла

мітла

ведро

відро

выключатель

перемикач

гостиная
вітальня

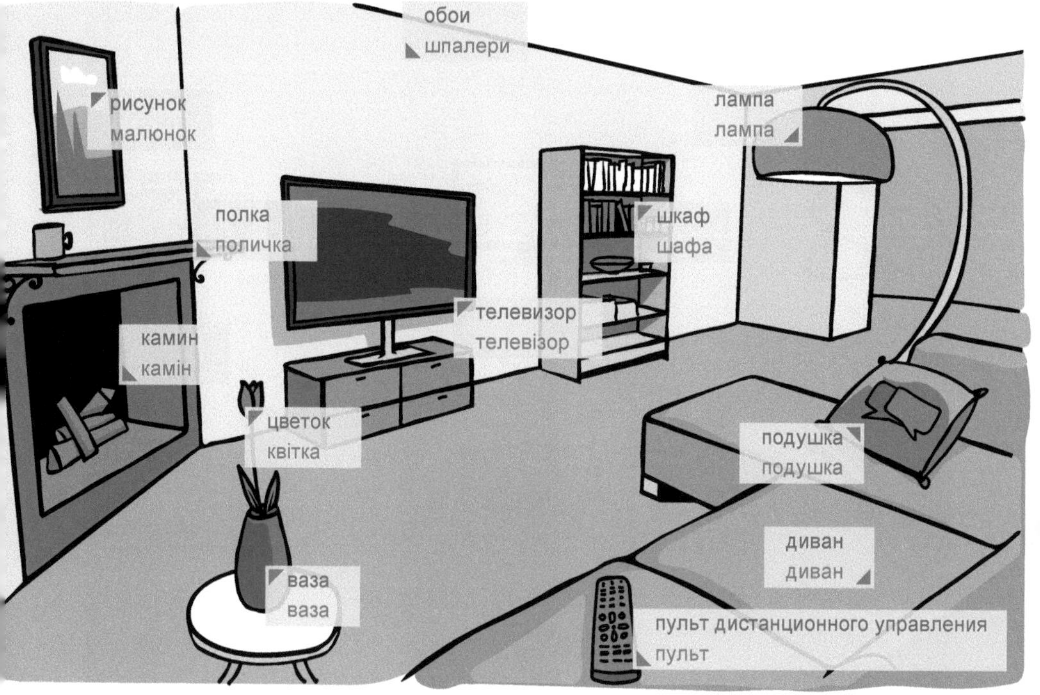
обои
шпалери
рисунок
малюнок
лампа
лампа
полка
поличка
шкаф
шафа
телевизор
телевізор
камин
камін
цветок
квітка
подушка
подушка
диван
диван
ваза
ваза
пульт дистанционного управления
пульт

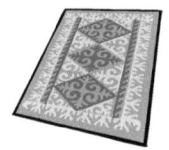

ковёр

килим

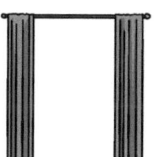

штора

завіса

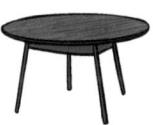

стол

стіл

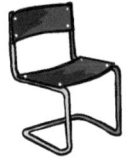

стул

стілець

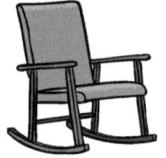

кресло-качалка

крісло-гойдалка

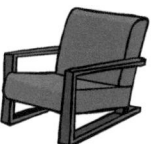

кресло

крісло

книга
книга

покрывало
ковдра

украшение
прикраса

дрова
дрова

фильм
фільм

стереосистема
стереосистема

ключ
ключ

газета
газета

картина
картина

плакат
плакат

радио
радіо

блокнот
блокнот

пылесос
пилосос

кактус
кактус

свеча
свічка

кухня

кухня

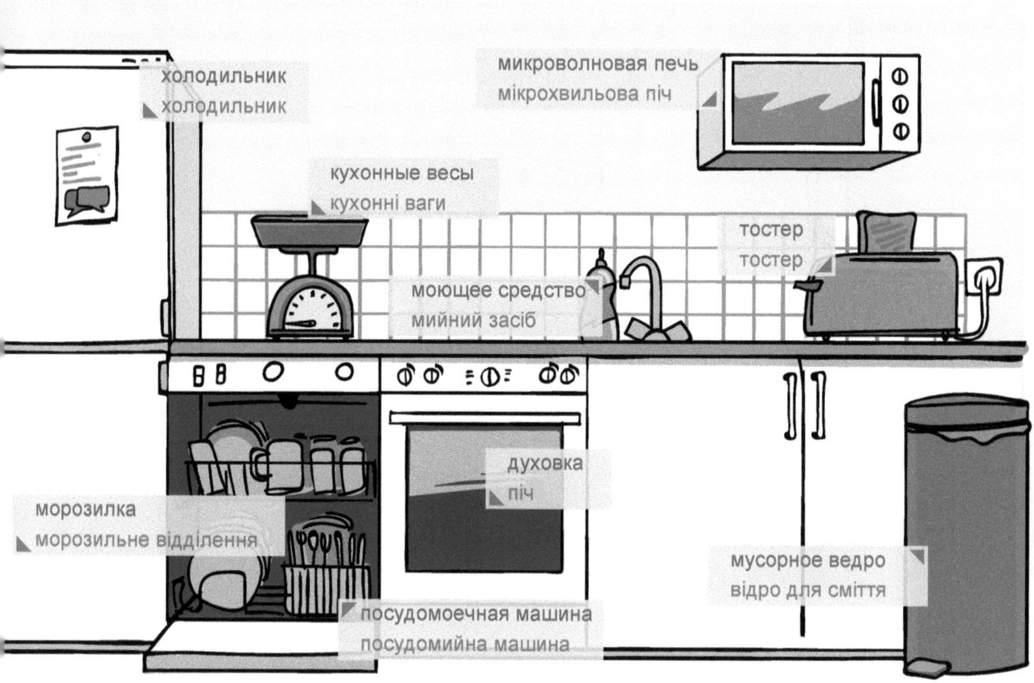
холодильник
холодильник
микроволновая печь
мікрохвильова піч
кухонные весы
кухонні ваги
тостер
тостер
моющее средство
мийний засіб
духовка
піч
морозилка
морозильне відділення
мусорное ведро
відро для сміття
посудомоечная машина
посудомийна машина

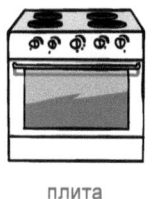

плита

плита

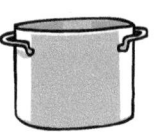

кастрюля

горщик

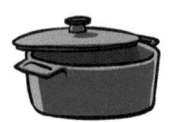

чугунный котелок

чавунний горщик

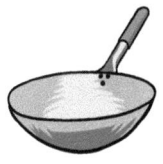

вок / кадай

вок / кадай

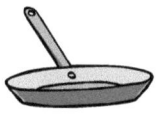

сковорода

сковорода

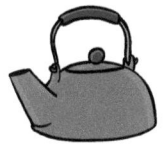

чайник

чайник

пароварка

пароварка

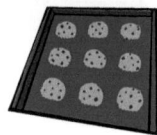

противень

лист

посуда

посуд

кружка

кухоль

миска

чаша

палочки для еды

палички для їжі

половник

черпак

лопатка

лопатка

сбивалка

вінчик для збивання

сито

сито

сито

сито

тёрка

терка

ступка

ступка

гриль

барбекю

костёр

багаття

доска

дошка

скалка

качалка

штопор

штопор

жестяная банка

конзерва

консервный нож

відкривачка

прихватка

прихватки

раковина

раковина

щетка

щітка

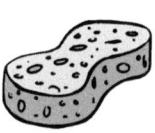

губка

губка

миксер

міксер

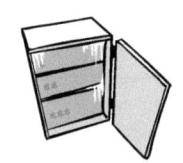

морозильная камера

морозильна камера

бутылочка для кормления

дитяча пляшка

кран

кран

ванная комната

ванна кімната

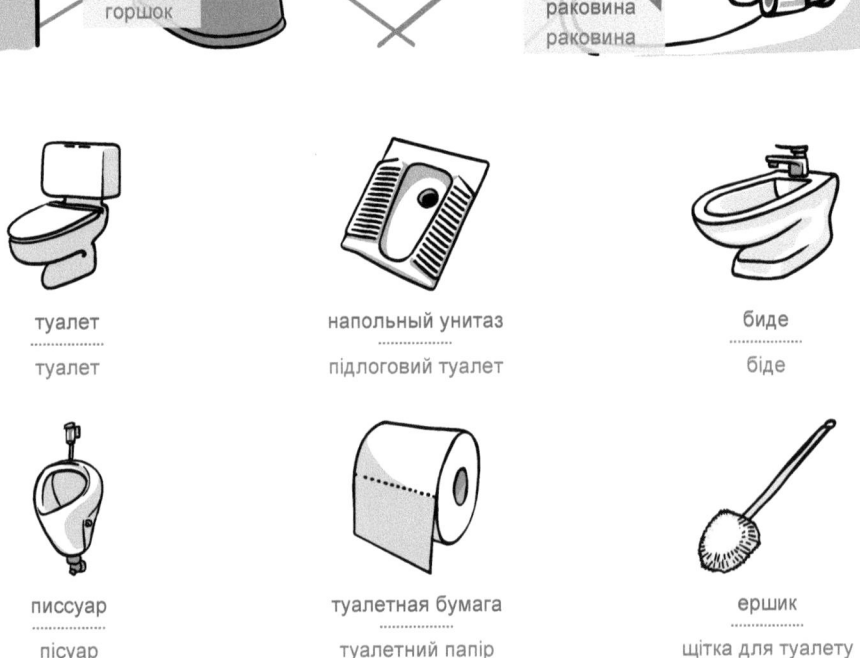

отопление
опалення
полотенце
рушник
душ
душ
душевая занавеска
душова завіса
пенистая ванна
піниста ванна
ванна
ванна
стакан
склянка
стиральная машина
пральна машина
кран
кран
плитка
плитка
горшок
горшок
раковина
раковина

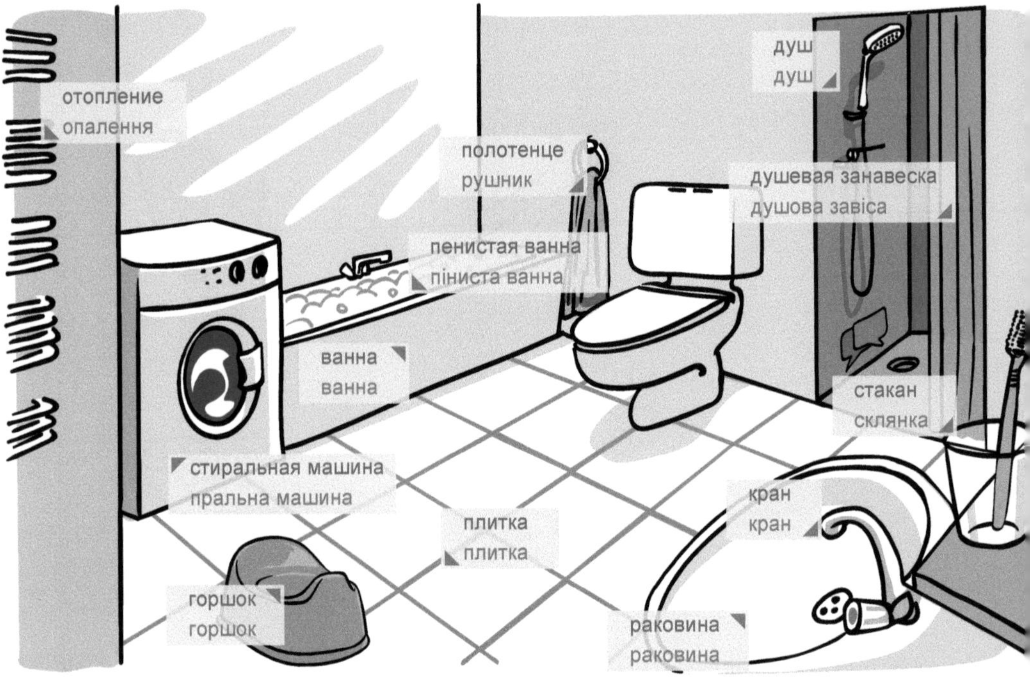

туалет

туалет

напольный унитаз

підлоговий туалет

биде

біде

писсуар

пісуар

туалетная бумага

туалетний папір

ершик

щітка для туалету

зубная щетка

зубна щітка

зубная паста

зубна паста

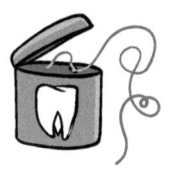

зубная нить

нитка для чищення зубів

мыть

мити

ручной душ

ручний душ

интимный душ

інтимний душ

таз

таз

щетка для спины

щітка для спини

мыло

мило

гель для душа

гель для душу

шампунь

шампунь

мочалка

мочалка

сток

водостік

крем

крем

дезодорант

дезодорант

зеркало

дзеркало

ручное зеркало

косметичне дзеркало

бритва

бритва

пена для бритья

піна для гоління

лосьон после бритья

лосьйон після гоління

расческа

гребінь

щетка

щітка

фен

фен

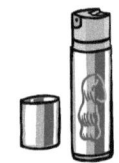

лак для волос

лак для волосся

косметика

косметика

губная помада

губна помада

лак для ногтей

лак для нігтів

вата

вата

маникюрные ножницы

ножиці для нігтів

духи

парфум

косметичка

косметичка

табуретка

табурет

весы

ваги

халат

халат

резиновые перчатки

гумові рукавички

тампон

тампон

гигиеническая прокладка

гігієнічні прокладки

биотуалет

біотуалет

детская комната
дитяча кімната

будильник
будильник
мягкая игрушка
м'яка іграшка
игрушечный автомобиль
іграшковий автомобіль
погремушка
брязкальце
кукольный домик
ляльковий будиночок
подарок
подарунок

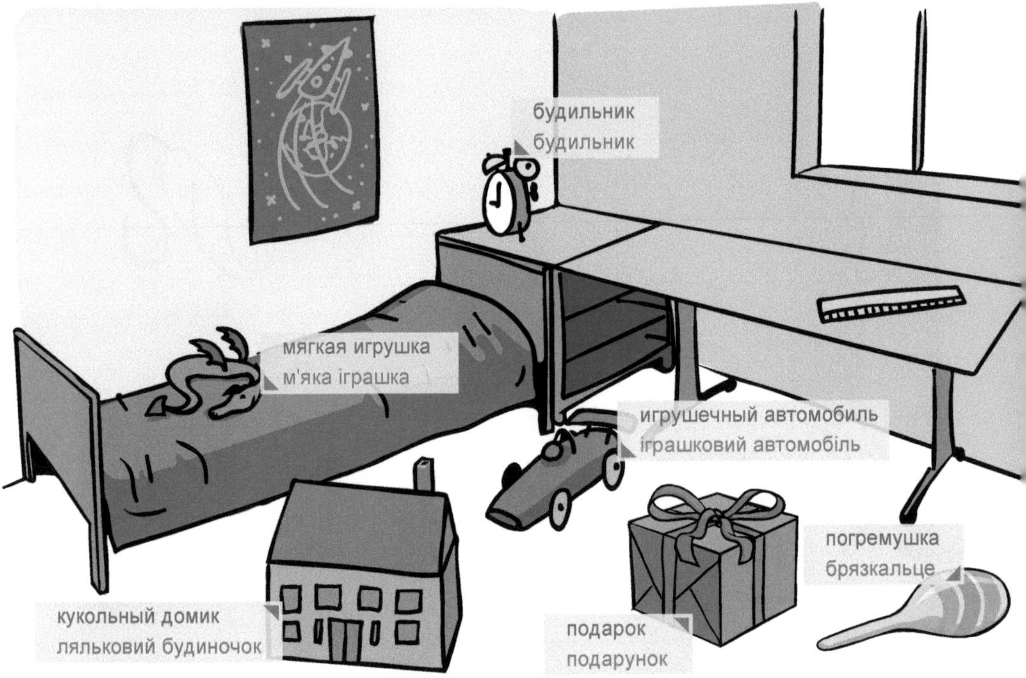

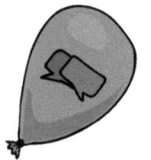

воздушный шар

повітряна кулька

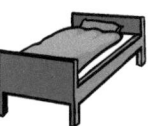

кровать

ліжко

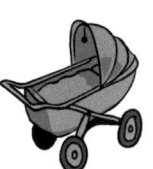

детская коляска

дитячий візок

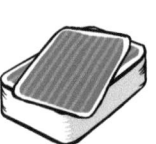

карточная игра

картярська гра

пазл

пазл

SUPER
MEGA

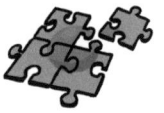

комикс

комікс

кирпичики Лего

лего цеглинки

кубики

блоки

игрушечная фигурка

іграшкова фігурка

ползунки

повзунки

фрисби

фризбі

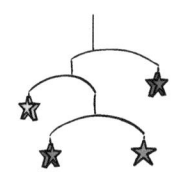

мобиле

мобіле

настольная игра

настільна гра

кубик

кубик

модель железной дороги

модель залізнична станція

соска

соска

вечеринка

вечірка

книга с картинками

книжка з картинками

мяч

м'яч

кукла

лялька

играть

грати

песочница
пісочниця

качели
гойдалка

игрушка
іграшка

игровая приставка
гральна консоль

трёхколесный велосипед
триколісний велосипед

плюшевый медвежонок
плюшевий мішка

шкаф для одежды
шафа

одежда

одяг

носки
шкарпетки

чулки
панчохи

колготки
колготки

шарф
шарф

зонтик
парасоля

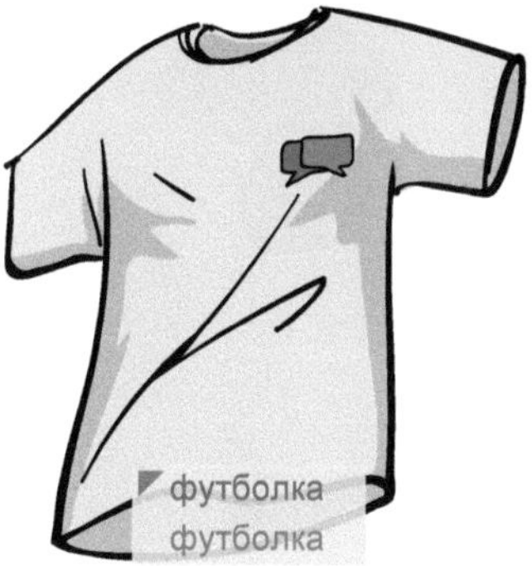

футболка
футболка

ремень
ремінь

кроссовки
кросівки

сапоги
чоботи

тапки
домашнє взуття

сандалии
....
сандалі

ботинки
....
взуття

резиновые сапоги
....
гумові чоботи

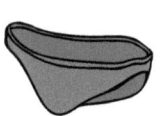
трусы
....
труси

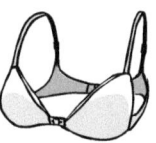
бюстгальтер
....
бюстгальтер

майка
....
нижня сорочка

боди
боді

брюки
штани

джинсы
джинси

юбка
спідниця

блузка
блузка

рубашка
сорочка

свитер
пуловер

свитер
светр

спортивная куртка
піджак

жакет
куртка

пальто
пальто

плащ
дощовик

костюм
костюм

платье
сукня

свадебное платье
весільна сукня

мужской костюм

костюм

ночная сорочка

нічна сорочка

пижама

піжама

сари

сарі

платок

головна хустка

тюрбан

чалма

паранджа

бурка

кафтан

кафтан

абайя

абая

купальник

купальник

плавки

плавки

шорты

шорти

спортивный костюм

тренувальний костюм

фартук

фартух

перчатки

рукавички

пуговица

гудзик

очки

окуляри

браслет

браслет

цепочка

ланцюг

кольцо

кільце

серьга

сережка

шапка

шапка

вешалка

плічка

шляпа

капелюх

галстук

краватка

застежка молния

застібка-блискавка

шлем

шолом

подтяжки

підтяжки

школьная форма

шкільна форма

форма

уніформа

детский нагрудник

нагрудник

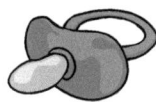

соска

соска

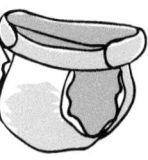

подгузник

підгузок

сервер
сервер

канцелярский шкаф
шаф для документів

принтер
принтер

монитор
монітор

бумага
папір

письменный стол
письмовий стіл

мышь
миша

папка
папка

клавиатура
синтезатор

корзина для бумаг
кошик для паперу

компьютер
комп'ютер

стул
стілець

кофейная кружка

кавовий кухоль

калькулятор

калькулятор

интернет

інтернет

ноутбук

ноутбук

письмо

лист

сообщение

повідомлення

мобильный телефон

мобільний телефон

сеть

мережа

ксерокс

копіювальний пристрій

программа

програмне забезпечення

телефон

телефон

розетка

розетка

факс

факс

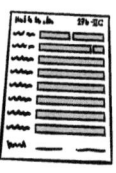

формуляр

бланк

документ

документ

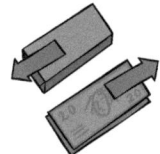

покупать
....
купувати

платить
....
платити

торговать
....
торгувати

деньги
....
гроші

доллар
....
долар

евро
....
євро

иена
....
ієна

рубль
....
рубль

франк
....
франк

жэньминьби юань
....
юанів женьміньбі

рупия
....
рупія

банкомат
....
банкомат

пункт обмена валюты

обмінний пункт

золото

золото

серебро

срібло

нефть

нафта

энергия

енергія

цена

ціна

договор

контракт

налог

податок

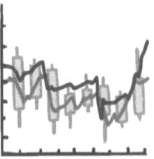

акция

акція

работать

працювати

служащий

працівник

работодатель

роботодавець

фабрика

фабрика

магазин

магазин

экономика - економіка

професcии
професії

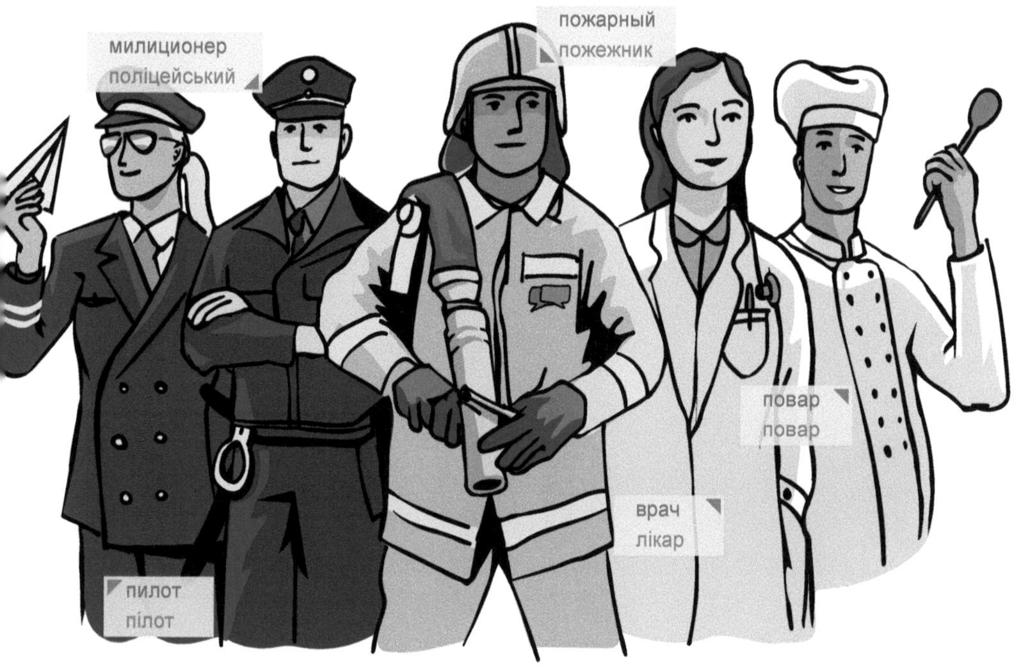
милиционер
поліцейський
пожарный
пожежник
повар
повар
врач
лікар
пилот
пілот

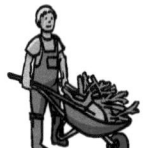

садовник

садівник

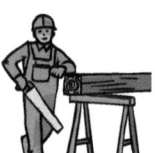

столяр

столяр

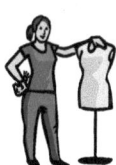

швея

швачка

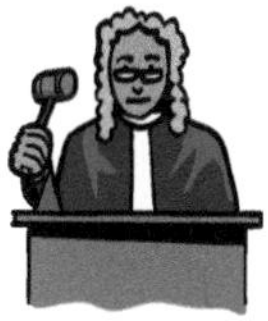

судья

суддя

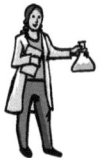

химик

хімік

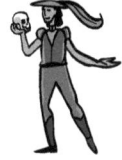

актёр

актор

водитель автобуса

водій автобуса

таксист

таксист

рыбак

рибалка

уборщица

прибиральниця

кровельщик

покрівельник

официант

офіціант

охотник

мисливець

художник

художник

пекарь

пекар

электрик

електрик

строитель

будівельник

инженер

інженер

мясник

забійник

сантехник

бляхар

почтальон

листоноша

солдат

солдат

архитектор

архітектор

кассир

касир

флорист

флорист

парикмахер

перукар

кондуктор

кондуктор

механик

механік

капитан

капітан

зубной врач

дантист

ученый

вчений

раввин

рабин

имам

імам

монах

монах

священник

пастор

инструменты
інструменти

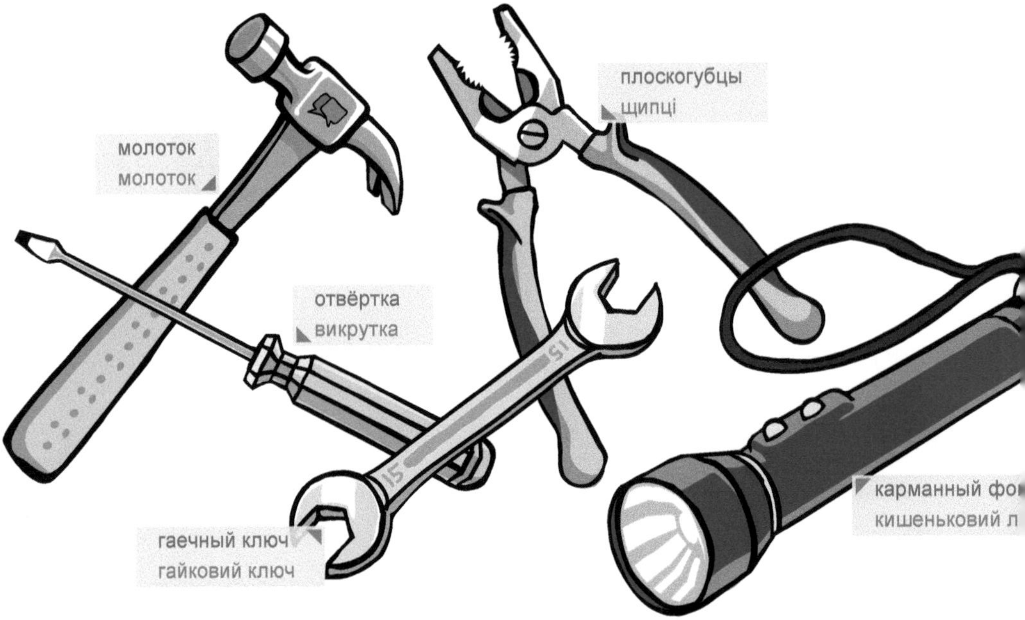
молоток
молоток
плоскогубцы
щипці
отвёртка
викрутка
гаечный ключ
гайковий ключ
карманный фо
кишеньковий л

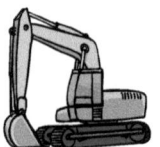

экскаватор
екскаватор

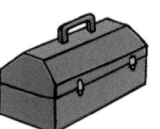

ящик для инструментов
ящик для інструментів

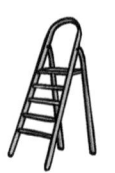

стремянка
драбина

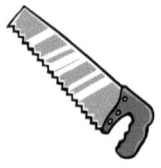

пила
пилка

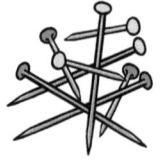

гвозди
цвяхи

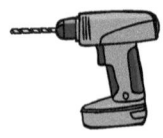

дрель
свердло

ремонтировать

ремонтувати

лопата

лопата

Блин!

лайно!

совок

совок

ведро с краской

відро з фарбою

винты

гвинти

музыкальные инструменты
музичні інструменти

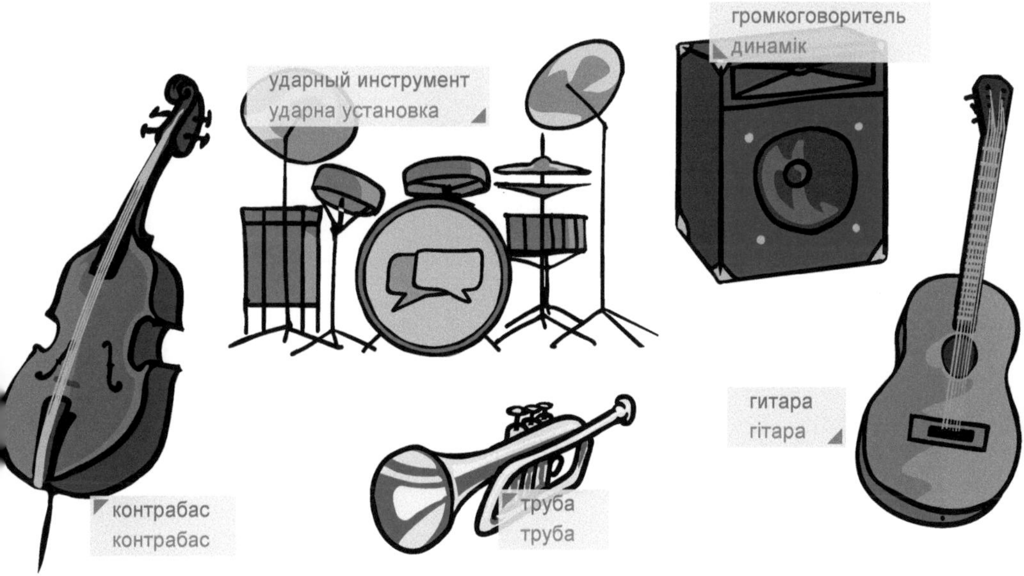

ударный инструмент
ударна установка

громкоговоритель
динамік

гитара
гітара

контрабас
контрабас

труба
труба

пианино

фортепіано

скрипка

скрипка

бас-гитара

бас

литавры

литаври

барабан

барабан

синтезатор

клавіатура

саксофон

саксофон

флейта

флейта

микрофон

мікрофон

зоопарк

зоопарк

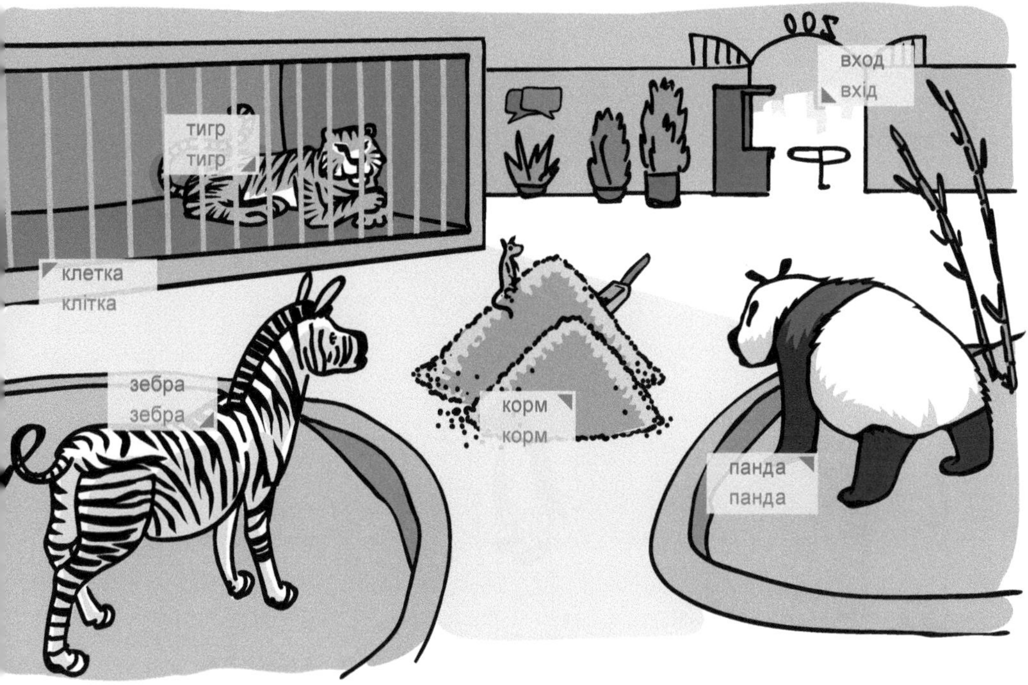

вход
вхід
тигр
тигр
клетка
клітка
зебра
зебра
корм
корм
панда
панда

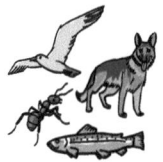

животные

тварини

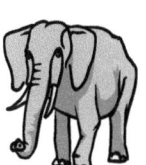

слон

слон

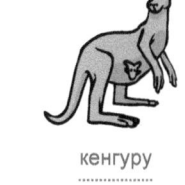

кенгуру

кенгуру

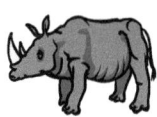

носорог

носоріг

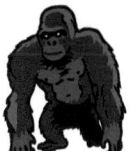

горилла

горила

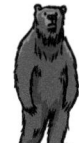

медведь

ведмідь

верблюд

верблюд

страус

страус

лев

лев

обезьяна

мавпа

фламинго

фламінго

попугай

папуга

белый медведь

білий ведмідь

пингвин

пінгвін

акула

акула

павлин

павич

змея

змія

крокодил

крокодил

служитель зоопарка

працівник зоопарку

тюлень

тюлень

ягуар

ягуар

зоопарк - зоопарк

пони

поні

леопард

леопард

бегемот

гіпопотам

жираф

жираф

орёл

орел

кабан

кабан

рыба

риба

черепаха

черепаха

морж

морж

лиса

лисиця

газель

газель

американский футбол
американський футбол

езда на велосипеде
їзда на велосипеді

теннис
теніс

баскетбол
баскетбол

плавание
плавання

бокс
бокс

хоккей
хокей

футбол
футбол

бадминтон
бадмінтон

лёгкая атлетика
легка атлетика

гандбол
гандбол

лыжный спорт
лижні перегони

поло
поло

действия

дії

прыгать
стрибати
обнимать
обіймати
смеяться
сміятися
идти
йти
петь
співати
мечтать
мріяти
молиться
молитися
целовать
цілувати

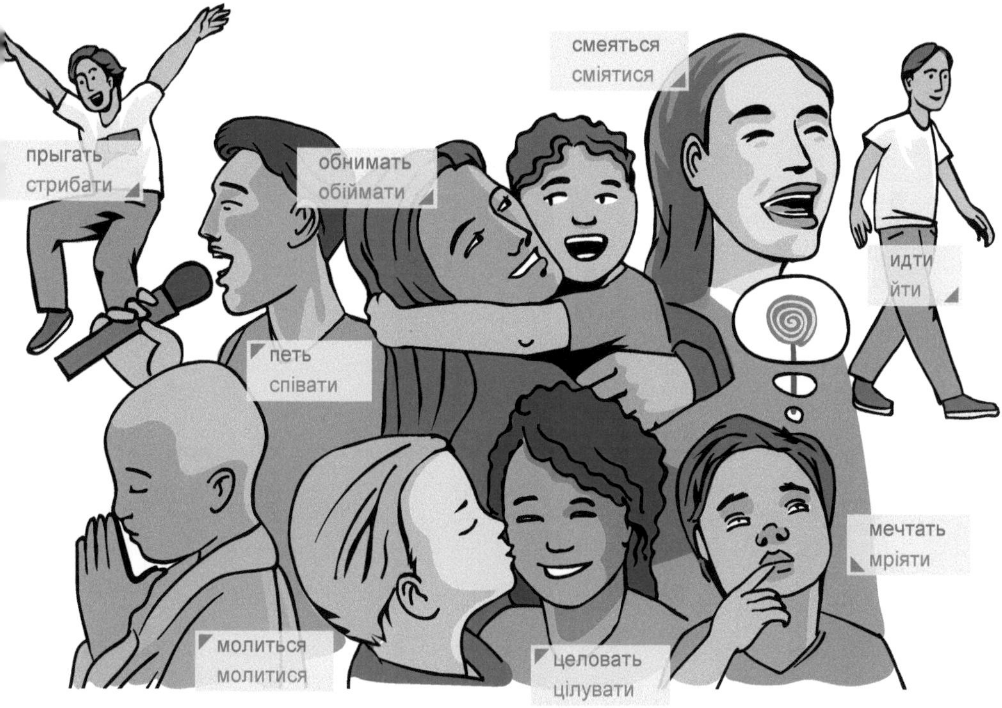

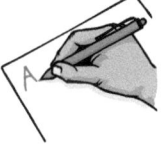

писать

писати

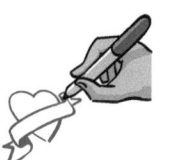

рисовать

малювати

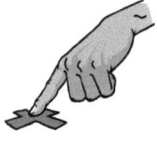

показывать

показувати

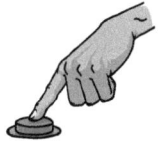

нажимать

тиснути

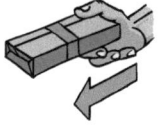

давать

давати

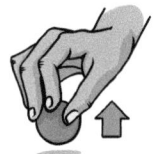

брать

брати

иметь
мати

делать
робити

быть
бути

стоять
стояти

бежать
бігати

тянуть
тягнути

бросать
кидати

падать
падати

лежать
лежати

ждать
очікувати

носить
носити

сидеть
сидіти

надевать
одягати

спать
спати

просыпаться
просипатися

рассматривать

дивитися

плакать

плакати

гладить

гладити

причесывать

розчісувати

говорить

розмовляти

понимать

розуміти

спрашивать

питати

слушать

слухати

пить

пити

кушать

їсти

наводит порядок

прибирати

любить

любити

готовить

варити

ехать

їхати

летать

літати

ходить под парусом

йти під вітрилом

считать

рахувати

читать

читати

учиться

вчитися

работать

працювати

вступать в брак

одружуватися

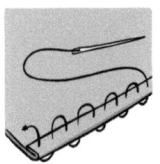

шить

шити

чистить зубы

чистити зуби

убивать

убивати

курить

курити

отправлять

посилати

семья
сім'я

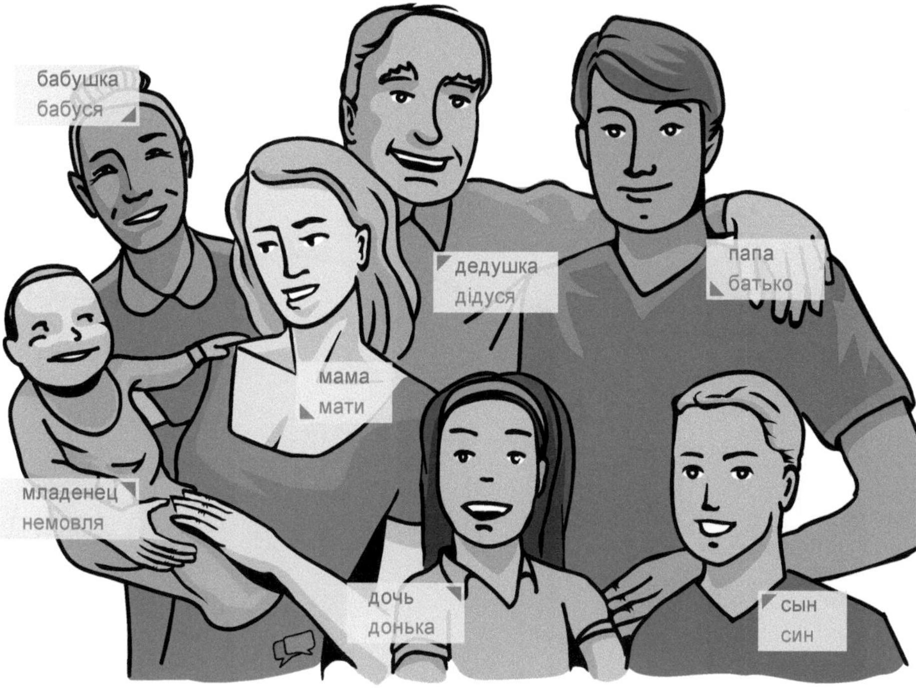

бабушка
бабуся
дедушка
дідуся
папа
батько
мама
мати
младенец
немовля
дочь
донька
сын
син

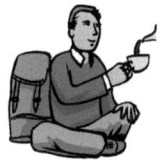

гость

гість

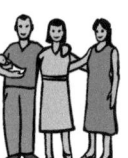

тетя

тітка

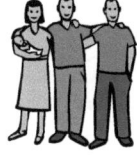

дядя

дядько

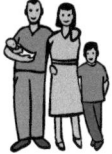

брат

брат

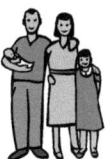

сестра

сестра

тело

тіло

лоб
чоло
глаз
око
плечо
плече
палец
палець
лицо
обличчя
подбородок
підборіддя
кисть
кисть
ногa
нога
грудь
груди
рука
рука

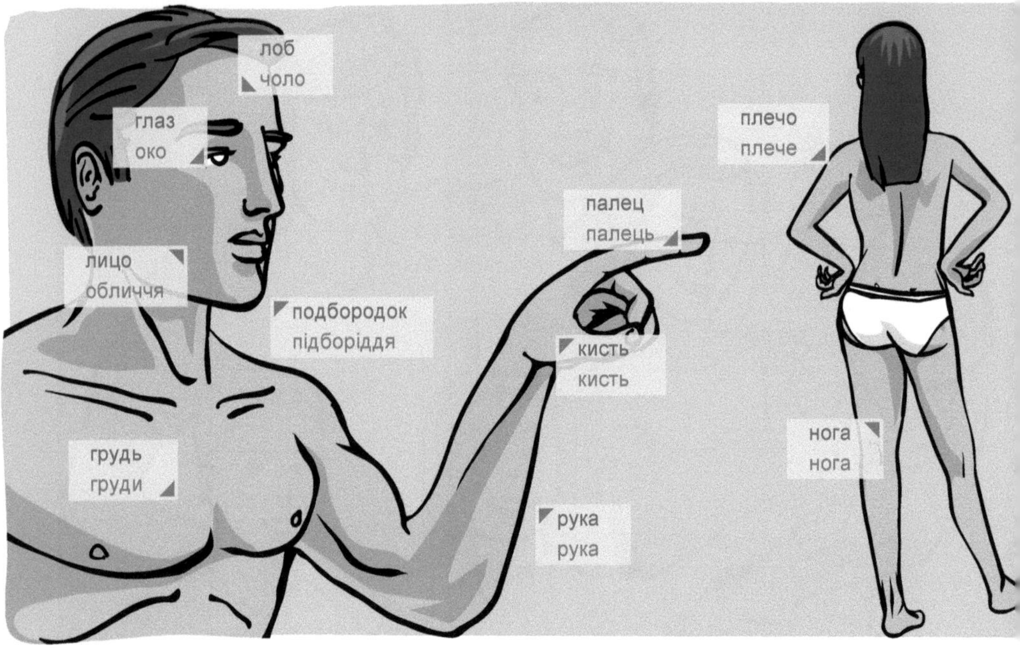

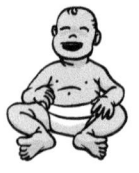

младенец

немовля

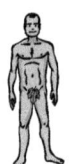

мужчина

чоловік

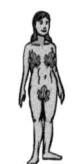

женщина

жінка

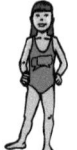

девочка

дівчина

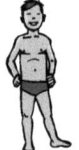

мальчик

хлопчик

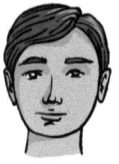

голова

голова

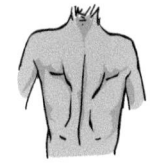

спина

спина

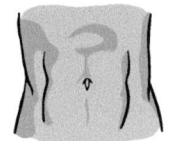

живот

живіт

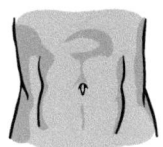

пупок

пуп

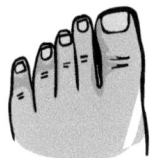

палец ноги

палець ноги

пятка

п'ята

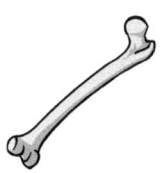

кость

кістка

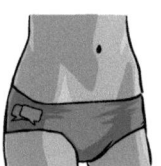

бедро

стегно

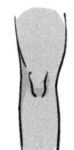

колено

коліно

локоть

лікоть

нос

ніс

ягодицы

сідниці

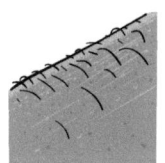

кожа

шкіра

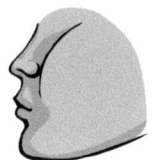

щека

щока

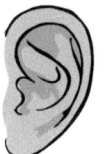

ухо

вухо

губа

губа

тело - тіло

рот

рот

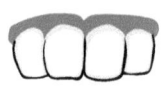

зуб

зуб

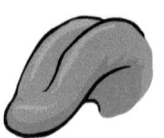

язык

язик

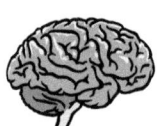

мозг

мозок

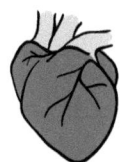

сердце

серце

мышца

м'яз

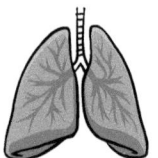

лёгкое

легені

печень

печінка

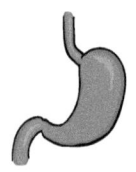

желудок

шлунок

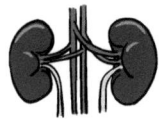

почки

нирки

половой акт

статевий акт

презерватив

презерватив

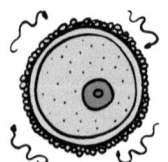

яйцеклетка

яйцеклітина

сперма

сперма

беременность

вагітність

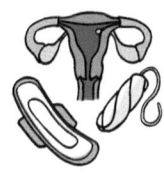

менструация
....
менструація

вагина
....
вагіна

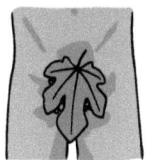

пенис
....
пеніс

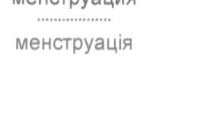

бровь
....
брова

волосы
....
волосся

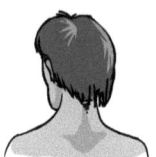

шея
....
шия

тело - тіло

больница
лікарня

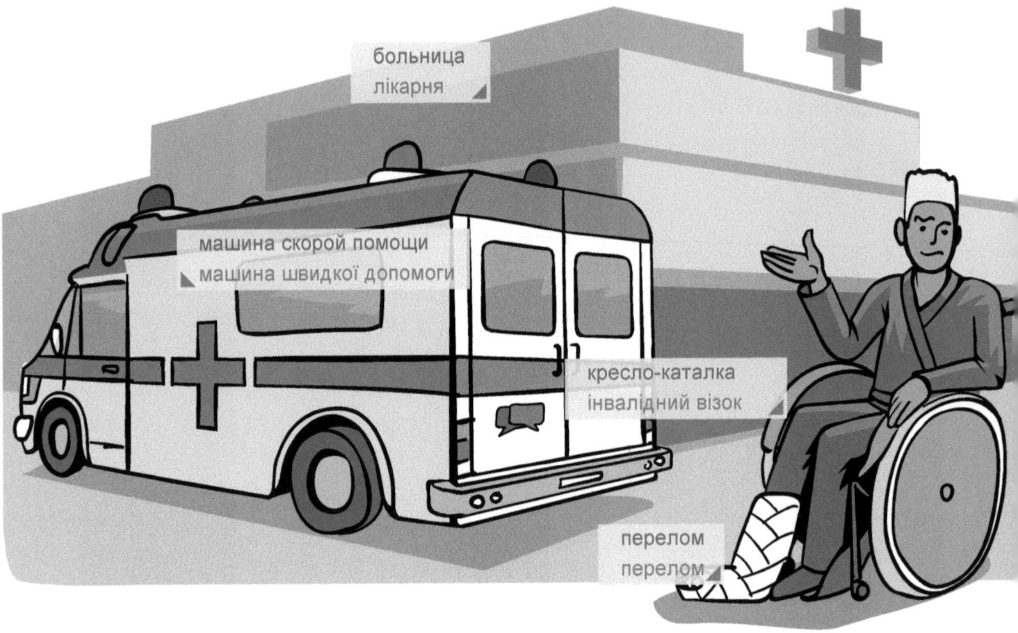

больница
лікарня

машина скорой помощи
машина швидкої допомоги

кресло-каталка
інвалідний візок

перелом
перелом

врач

лікар

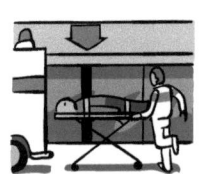

пункт первой помощи

відділення швидкої
медичної допомоги

медсестра

медсестра

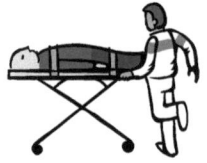

неотложный случай

аварійний випадок

без сознания

непритомний

боль

біль

повреждение

травма

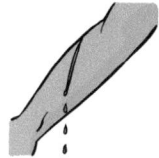

кровотечение

кровотеча

инфаркт

інфаркт

инсульт

інсульт

аллергия

алергія

кашель

кашель

овышенная температура

лихоманка

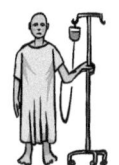

грипп

грип

понос

пронос

головная боль

головна біль

рак

рак

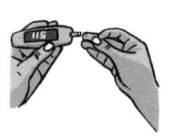

диабет

діабет

хирург

хірург

скальпель

скальпель

операция

операція

КТ

КТ

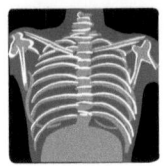

рентген

рентген

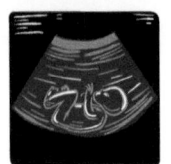

ультразвук

ультразвук

маска

маска

болезнь

хвороба

приёмная

зал очікування

костыль

милиця

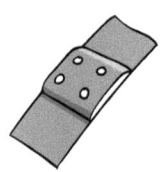

пластырь

пластир

бинт

пов'язка

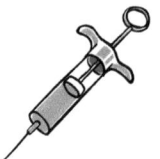

укол

ін'єкція

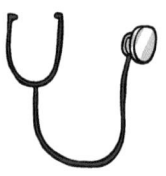

стетоскоп

стетоскоп

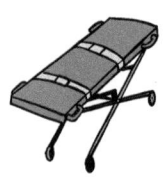

носилки

ноші

термометр

термометр

рождение

народження

избыточный вес

надмірна вага

слуховой аппарат

слуховий апарат

дезинфекционное средство

дезінфікуючий засіб

инфекция

інфекція

вирус

вірус

ВИЧ / СПИД

ВІЛ / СНІД

лекарство

медицина

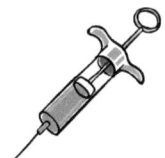

прививка

вакцинація

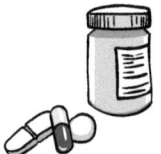

таблетки

таблетки

противозачаточная таблетка

протизаплідна пігулка

экстренный вызов

екстрений виклик

прибор для измерения кровяного давления

тонометр

больной / здоровый

хворий / здоровий

Помогите!

Допоможіть!

нападение

напад

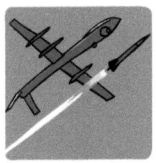

атака

атака

опасность

небезпека

запасной выход

аварійний вихід

сигнал тревоги

сигнал тривоги

огнетушитель

вогнегасник

несчастный случай

аварія

Пожар!

Вогонь!

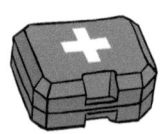

аптечка

аптечка

SOS

СОС

милиция

поліція

Европа

Європа

Северная Америка

Північна Америка

Южная Америка

Південна Америка

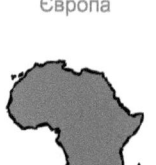

Африка

Африка

Азия

Азія

Австралия

Австралія

Атлантический океан

Атлантика

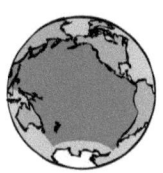

Тихий океан

Тихий океан

Индийский океан

Індійський океан

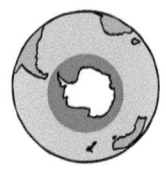

Антарктический океан

Антарктичний океан

Северный Ледовитый океан

Північний Льодовитий океан

Северный полюс

Північний полюс

Южный полюс

Південний полюс

Антарктика

Антарктика

земля

Земля

суша

суша

море

море

остров

острів

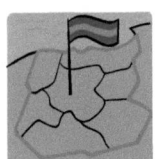

нация

нація

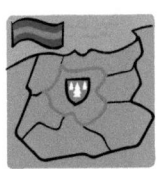

государство

держава

циферблат

циферблат

часовая стрелка

годинникова стрілка

минутная стрелка

хвилинна стрілка

секундная стрелка

секундна стрілка

Который час?

Котра година?

день

день

время

час

сейчас

зараз

электронные часы

цифровий годинник

минута

хвилина

час

година

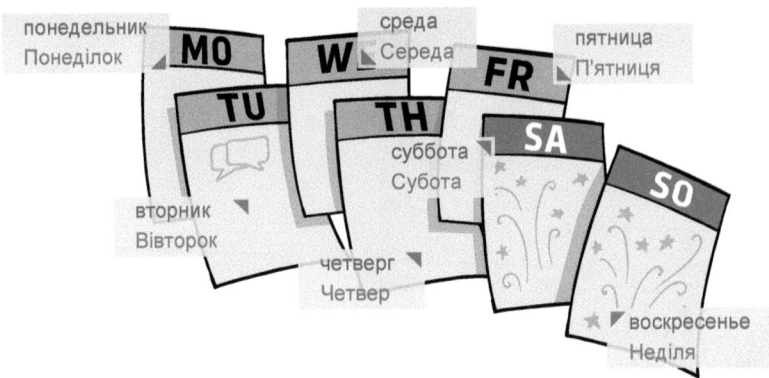

понедельник
Понеділок

среда
Середа

пятница
П'ятниця

вторник
Вівторок

суббота
Субота

четверг
Четвер

воскресенье
Неділя

вчера
вчора

сегодня
сьогодні

завтра
завтра

утро
ранок

полдень
опівдні

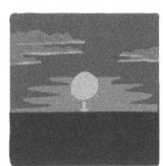

вечер
вечір

MO	TU	WE	TH	FR	SA	SU
1	2	3	4	5	6	7
8	9	10	11	12	13	14
15	16	17	18	19	20	21
22	23	24	25	26	27	28
29	30	31	1	2	3	4

рабочие дни
робочі дні

MO	TU	WE	TH	FR	SA	SU
1	2	3	4	5	6	7
8	9	10	11	12	13	14
15	16	17	18	19	20	21
22	23	24	25	26	27	28
29	30	31	1	2	3	4

выходные
кінець робочого тижня

год

рік

дождь
дощ
радуга
веселка
ветер
вітер
снег
сніг
весна
весна
лето
літо
осень
осінь
зима
зима

4.APRIL 11°
5.APRIL 4°
6.APRIL 13°
7.APRIL 8°
8.APRIL 10°

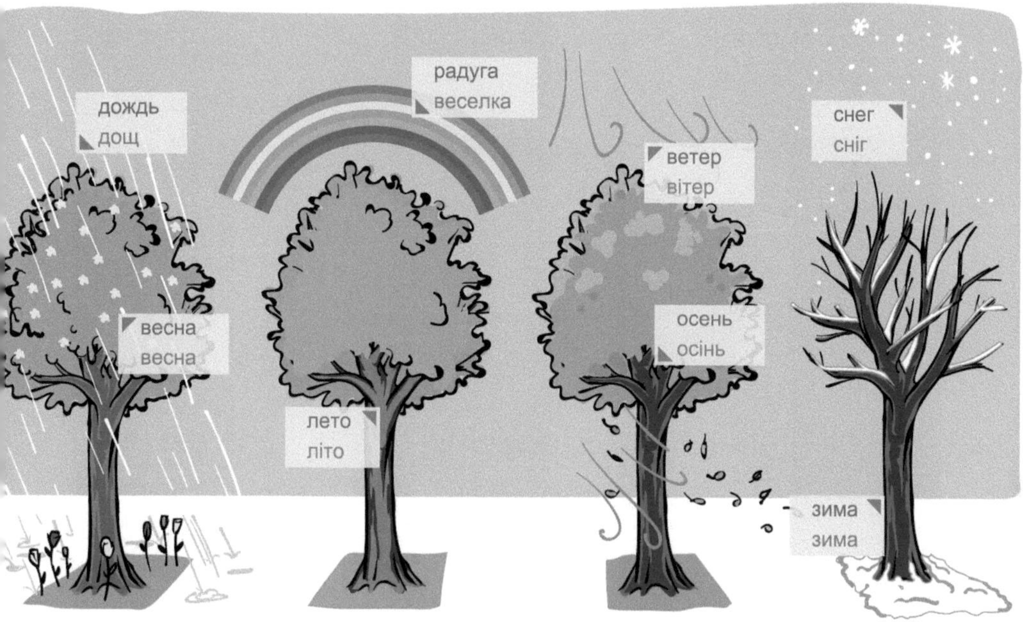

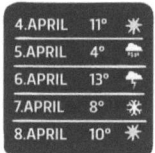

прогноз погоды
....
прогноз погоди

F C
120 40
90 30
60 20
30 10
0 0
-30 -10
-20

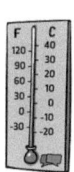

термометр
....
термометр

солнечный свет
....
сонячне світло

туча
....
хмара

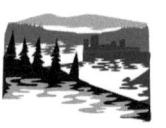

туман
....
туман

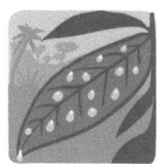

влажность воздуха
....
вологість повітря

молния

блискавка

гром

грім

буря

шторм

град

град

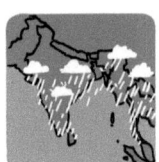

муссон

мусон

наводнение

повінь

лёд

лід

январь

Січень

февраль

Лютий

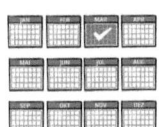

март

Березень

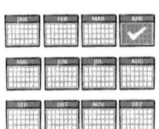

апрель

Квітень

май

Травень

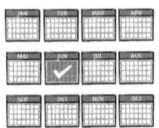

июнь

Червень

июль

Липень

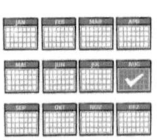

август

Серпень

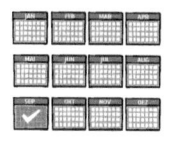

сентябрь

Вересень

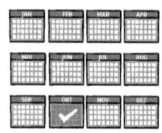

октябрь

Жовтень

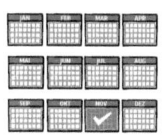

ноябрь

Листопад

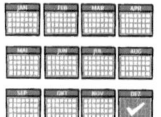

декабрь

Грудень

формы

форми

круг

круг

квадрат

квадрат

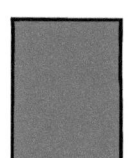

прямоугольник

прямокутник

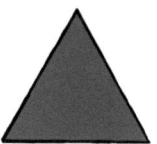

треугольник

трикутник

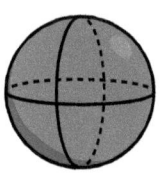

шар

куля

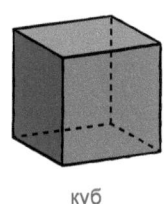

куб

куб

белый
....
білий

желтый
....
жовтий

оранжевый
....
помаранчевий

розовый
....
рожевий

красный
....
червоний

лиловый
....
фіолетовий

синий
....
синій

зелёный
....
зелений

коричневый
....
коричневий

серый
....
сірий

черный
....
чорний

много / мало

багато / мало

яростный / мирный

лютий / мирний

красивый / уродливый

гарний / бридкий

начало / конец

початок / кінець

большой / маленький

великий / малий

светлый / темный

світлий / темний

брат / сестра

брат / сестра

чистый / грязный

чистий / брудний

полный / неполный

завершений /
незавершений

день / ночь

день / ніч

мёртвый / живой

мертвий / живий

широкий / узкий

широкий / вузький

съедобный / несъедобный

їстівний / неїстівний

злой / дружелюбный

злий / дружній

взволнованный / скучающий

збуджений / нудьгуючий

толстый / худой

товстий / тонкий

сначала / в конце

спочатку / востаннє

друг / враг

друг / ворог

полный / пустой

повний / порожній

твёрдый / мягкий

жорсткий / м'який

тяжёлый / легкий

важкий / легкий

голод / жажда

голод / спрага

больной / здоровый

хворий / здоровий

незаконный / законный

незаконний / законний

умный / глупый

розумний / дурний

слева / справа

вліво / вправо

близко / далеко

поруч / далеко

новый / подержанный

новий / використаний

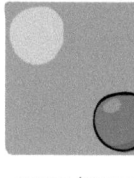

ничто / нечто

нічого / щось

старый / молодой

старий / молодий

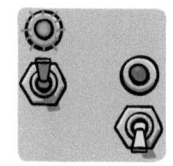

включено / выключено

вкл / викл

открыто / закрыто

відкрито / закрито

тихо / громко

тихо / гучно

богатый / бедный

багатий / бідний

правильный /
неправильный
правильно / неправильно

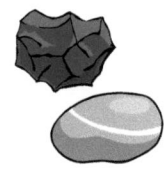

шероховатый / гладкий

шорсткий / гладкий

печальный / счастливый

сумний / щасливий

короткий / длинный

короткий / довгий

медленный / быстрый

повільно / швидко

мокрый / сухой

вологий / сухий

тёплый / прохладный

гарячий / холодний

война / мир

війна / мир

0

ноль

нуль

1

один

один

2

два

два

3

три

три

4

четыре

чотири

5

пять

п'ять

6

шесть

шість

7

семь

сім

8

восемь

вісім

9

девять

дев'ять

10

десять

десять

11

одиннадцать

одинадцять

12
двенадцать
дванадцять

13
тринадцать
тринадцять

14
четырнадцать
чотирнадцять

15
пятнадцать
п'ятнадцять

16
шестнадцать
шістнадцять

17
семнадцать
сімнадцять

18
восемнадцать
вісімнадцять

19
девятнадцать
дев'ятнадцять

20
двадцать
двадцять

100
сто
сто

1.000
тысяча
тисяча

1.000.000
миллион
мільйон

английский

английська

американский английский

американська англійська

мандаринский китайский

китайська
високочиновницька

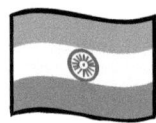

хинди

хінді

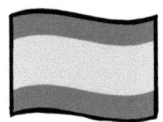

испанский

іспанська

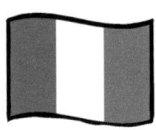

французский

французька

арабский

арабська

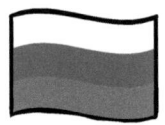

русский

російська

португальский

португальська

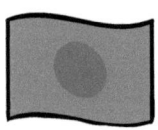

бенгальский

бенгальська

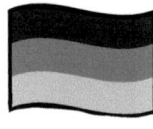

немецкий

німецька

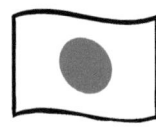

японский

японська

я

....

я

ты

....

ти

он / она / оно

....

він / вона / воно

мы

....

ми

вы

....

ви

они

....

вони

кто?

....

хто?

что?

....

що?

как?

....

як?

где?

....

де?

когда?

....

коли?

имя

....

ім'я

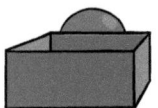

за
....
ззаду

в
....
в

перед
....
перед

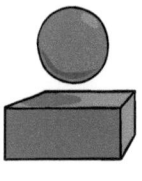

над
....
над

на
....
на

под
....
під

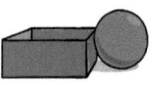

рядом
....
біля

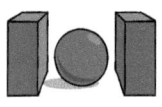

между
....
між

место
....
місце